Nizza

lieben lernen

*Der perfekte Reiseführer für einen unvergessli-
chen Aufenthalt in Nizza inkl. Insider-Tipps und
Packliste*

Frauke Blomberg

✈ INHALT

Das erwartet Sie in diesem Buch

Der Besuch einer so vielfältigen Stadt wie Nizza kann zu einem unvergesslichen Erlebnis werden. Eines, an das Sie sich nicht nur immer wieder gern erinnern möchten, sondern von dem Sie Ihren besten Freunden und Ihrer Familie erzählen. Selbst Künstler wie Picasso oder Chagall waren vom Klima, von der Architektur und den ewig langen Stränden Nizzas so betört, dass sie die Stadt ihr ‚himmelblaues Zuhause' nannten und sich fortan keinen schöneren Ort zum Leben und

Arbeiten vorstellen konnten. Ich möchte Sie in diesem Buch mit auf eine außergewöhnliche Reise nehmen und Ihnen die Besonderheiten einer Stadt und ihrer Bewohner zeigen, die so viel anders ist als die anderen vielen Städte entlang der Côte d'Azur.

Begleiten Sie mich durch die pittoresken Gassen der Altstadt auf provenzalische Märkte. Lassen Sie uns die Art von Kunst und Musik erleben, durch welche die Stadt im Laufe der Jahrhunderte zu einem schimmernden Juwel der französischen Kultur geworden ist. Ich zeige Ihnen, wie Sie am besten mit dem kernigen Charme der ‚Nizzaer' umgehen, was in einen echten ‚Salade Nicoise' gehört und warum der Erholungsurlaub vor 200 Jahren genau hier in Nizza erfunden wurde.

Ein französisches Sprichwort besagt, Nizza sei der einzige Ort, wo das Meer und der Himmel dieselbe Farbe hätten. Und tatsächlich konnte sich bislang jeder einzelne Besucher, vom einfachen Touristen bis hin zum internationalen Weltstar, davon überzeugen, dass der einst so kleine Hafenort etwas Einzigartiges zu bieten hat. Etwas, das ihn innerhalb weniger Jahrzehnte zur kosmopolitischen Hauptstadt der französischen Riviera hat werden lassen.

Freuen Sie sich auf das authentische Nizza von heute, welches Sie bei einem einfachen Spaziergang all Ihre Sorgen vergessen lässt und Sie einlädt, sich während der gesamten Dauer Ihres Besuches wie ein Einheimischer zu fühlen.

Erst mal ankommen

GESCHICHTEN & GESCHICHTE

Wussten Sie eigentlich, dass die Region rund um die heutige Stadt Nizza bereits vor vielen hunderttausenden von Jahren von den Vorfahren des Homo Sapiens als ein heiß begehrter Wohnort angesehen und entsprechend heftig umkämpft wurde? Seinerzeit wurden noch Keulen geschwungen und Steine geworfen, später dann aber, so um die Zeit der Phokäer (das sind Griechen aus Kleinasien), auch mit Schwert und Schild gehauen und gestochen. Und wussten Sie, dass der Name Nizza sich tatsächlich ableitet von der griechischen Siegesgöttin Nike? Die Ligurer (so etwas wie bronzezeitliche Italiener) wurden von den Phokäern bitterböse besiegt und in die Flucht geschlagen. Anschließend aber kamen die Römer mit ihrer militärischen Präzision und vertrieben ihrerseits die Phokäer.

Dann, wir befinden uns jetzt in der zweiten Hälfte des ersten Jahrtausends unserer Zeitrechnung, übernahmen die Herrscher des Frankenreichs die Macht und die Römer zogen gesenkten Hauptes auf der selbst gebauten Via Aurelia von dannen. Kurze Zeit darauf segelten wilde Sarazenen-Horden mit gezückten Krummdolchen durch die Gegend und machten Ärger, wo es nur ging. Im Grunde ging es immer so weiter und weiter. Kaum haben die einen gesiegt und sich selbst ein geschichtliches Denkmal gesetzt, kamen bereits die Nächsten und hauten alles wieder kurz und klein. Aus den Monumenten der Einen machten die Anderen Feuerholz und Sitzbänke.

Das alles wussten Sie nicht? Ja, dann rate ich Ihnen, sich ein Geschichtsbuch zu kaufen. Sie werden schnell herausfinden, dass kaum ein Gebiet entlang Europas Küsten so heiß begehrt war wie die Gegend rund um die heutige Stadt Nizza. Vor allem aber die Stadt selbst musste viel Elend und Blutvergießen ertragen, Hunger und Krankheiten überstehen und sich von mehr Leid und Schrecken erholen als so manch andere Stadt am Mittelmeer. Und trotzdem sind die Einwohner Nizzas geblieben und das Fischerdorf von damals ist im Laufe der Jahrhunderte zu einer der sehenswürdigsten Städte gewachsen, welche die Côte d'Azur zu bieten hat.

Zu Anfang mag es an dem milden Klima und dem reichen Fischbestand gelegen haben, später aber gab es noch andere Gründe, warum sich Reisende in der Stadt niedergelassen haben und sie nie wieder zu verlassen gedachten. Exzentriker nannten die Gegend: „den einzigen Ort, an dem man sich vom Nichtstun erholen kann". Romantiker versuchten die Schönheit der Stadt mit der Schönheit von Engeln oder holden Damen zu beschreiben, während Künstler verschiedenster Epochen unaufhörlich von dem einen ‚Blau' sprachen.

Dem einen unbeschreiblichen und unaussprechlichen Blau des Himmels und des Wassers. Bis 1887 endlich jemand auf die erlösende Idee kam, das Ganze ‚Azurblau' zu nennen und alle erleichtert aufatmeten, weil sie nun endlich wussten, warum sie alle hier waren und nicht mehr wegwollten. Und so verhält es sich heute noch. Haben Sie einmal in die azurblaue See geblickt, werden Sie sofort begreifen, dass es niemals einen Ort auf Gottes schöner Erde geben wird, dessen glänzendes Wasser Sie magischer anzieht als das azurblaue Meer vor der Küste Nizzas.

Und dennoch: Fragen Sie einen Fischer, warum sich ausgerechnet Nizza so prosperierend entwickeln konnte, wird er Ihnen von den fischreichen Gewässern erzählen, ein älterer Herr am Stock wird das milde Klima und die warmen Temperaturen als Grund nennen, Architekten werden die Architektur bestaunen und Maler das besondere Licht loben, welches die Farben ganz besonders hell zum Leuchten bringt. Selbst der Blumenhändler wird Gründe finden, die irgendwie mit Blumen und Pflanzen zu tun haben.

Und irgendwie haben sie alle Recht und irgendwie liegen sie doch alle ganz knapp daneben. Denn der eigentliche Grund, also die Antwort auf die einfache Frage, warum denn nun ausgerechnet Nizza die Auserwählte war, diesen Grund finden Sie in keinem Geschichtsbuch der Welt. Und auch kein

Einheimischer wird ihnen mit absoluter Zuversicht seine Anekdote so vortragen, als handele es sich dabei um historisch verifizierbare Fakten zur Geschichte Nizzas. Denn manchmal sieht man den Wald vor lauter Bäumen nicht. Oder, wie im Fall der malerischen Hafenstadt Nizza, findet man den Grund vor lauter Gründen nicht. Dabei ist es doch so einfach und einleuchtend.

Um Gott in Frankreich zu besuchen, müsse man nach Nizza reisen. Das dachten sich auch eine paar adelige Damen Großbritanniens, welche gegen Ende des 18. Jahrhunderts in die verschlafene Kleinstadt reisten, sei es, um vor der Weiterreise nach Italien kurz zu verweilen, sei es, um mit dem Schiff nach Genua überzusetzen. Glücklicherweise war der Hafen ,Port Lympia' gerade fertiggestellt worden.

Diese Damen, allesamt reich und gebildet, erklärten sich im Zeitalter der Aufklärung für aufgeklärt genug, um in kleinen Damengruppen allein auf Bildungsreise zu gehen. Auf ,Grand Tour' gehen, wie man es seinerzeit gönnerhaft nannte. Unter ihnen waren bedeutsame Damen wie Lady Penelope Rivers und Lady Olivia Sparrow, welche alljährlich zur Winterzeit nach Nizza kamen und inzwischen sogar ihre eigenen Villen erbauen ließen. Ihnen folgte der niedere britische Adel, also die britische ‚Gentry‘, aus denen später die ‚Gentleman‘ hervorgingen, und denen wiederum folgten die Künstler, Maler, Schreiber, Bildhauer und ähnlich Kreative.

Da war es nur eine Frage der Zeit, bis sich die Einheimischen auf die Bedürfnisse der gut betuchten Gäste einstellten und ihnen eine Flaniermeile direkt am Strand bauten, welche sie dann auch noch im Jahre 1844 ‚Promenade des Anglais‘ tauften. Zu dieser Zeit hörten auch andere Adelige aus fernen, kalten Ländern von dem malerischen Örtchen und wagten die lange Anreise, zum Beispiel aus dem frostigen Russland, direkt in das warme Nizza.

Und für diejenigen unter Ihnen, die es sich nicht leisten konnten, eine eigene Villa bauen zu lassen, entstanden während des Jugendstils luxuriöse Grandhotels wie das ‚Negresco‘ mit allen Annehmlichkeiten, welche die Damen und Herren von zu Hause gewohnt waren. Kein Wunder also, dass es auch Künstler wie Picasso oder Chagall nach Nizza zog. Die vielen neuen Immobilien hatten ja viele leere Wände.

Sie alle, mit ihrem zahlreichen Gefolge und ihren

sperrigen Reisekoffern, ihren letzten Hoffnungen und grandiosen Erwartungen, ihrem Reichtum in Form von Geld und manchmal nur in Form von Ideen, sie alle strömten nach Nizza, dem ersten ‚Place-To-Be' der Neuzeit und begründeten somit ganz ungewollt das, was wir heute Tourismus nennen.

Ja, man kann mit Fug und Recht behaupten, dass Nizza die Wiege des modernen Erholungstourismus repräsentiert. Immerhin war es der französische Schriftsteller Stendhal, der der Massenwanderung zur Sonne hin mit dem Wort ‚Tourism' 1838 einen Namen gab. Und immerhin war es der Brite Thomas Cook, welcher 1840 die ersten Touren organisierte, inspiriert durch seine reisefreudigen Landsleute.

Bis heute ist der Strom an Besuchern stetig gewachsen. Manche kommen wegen der Museen, andere wegen der Architektur, wieder andere wegen des bunten Karnevals. Und manche einfach nur, um tagsüber in der Sonne zu liegen und abends im Casino am Roulettetisch zu sitzen.

Doch jeder von ihnen kommt bestimmt auch wegen des ganz besonderen Lifestyles, der sogenannten ‚Belle Vie', welche wohl nirgendwo anders so präsent ist wie an der Côte d'Azur. Und wer von der Côte d'Azur spricht, der spricht vor allem von Nizza.

ANREISE & ANKUNFT

Dass Goethe mit dem Spruch ‚Reisen bildet' nicht die Steigerung intellektueller Fähigkeiten durch Informationsaufnahme meinte, sollte mittlerweile jedem klar sein. Natürlich bildet das Reisen auch den Verstand, doch wer bucht schon eine Reise, um klüger zu werden?

Der Großteil der Menschen reist zum Zwecke der Erholung und die kann viele Formen annehmen und sie an viele Orte führen, denn unter Erholung versteht heutzutage jeder etwas anderes. Reisen bildet also vor allem durch das Erleben des Neuen, des Nicht-Alltäglichen. Es bildet Ihren Charakter und versorgt Ihre Seele.

Es schärft Ihre Sinne und macht Sie zum Entdecker, zum Beobachter und manchmal auch zum Abenteurer. Und doch gibt es einen großen Unterschied, wenn man den Reisenden von heute mit dem Reisenden zu Goethes Zeiten vergleicht. Das liegt vor allem am Industriezeitalter und den damit verbundenen technologischen Entwicklungen, die uns heute innerhalb kürzester Zeit von A nach B transportieren. Der Weg hin zum Ziel verliert dadurch immer mehr an Bedeutung und wird kaum noch als ebenso wichtiger Teil der Reise angesehen wie der Aufenthalt selbst.

Dabei ist es bei den vielen Transportmöglichkeiten heutzutage entscheidend, wie Sie sich Ihrem Reiseziel nähern. Zu Lande, zu Wasser oder aus der Luft? Und für jedes der genannten Elemente gibt es auch noch mal die Qual der Wahl. Mit dem Fahrrad oder besser mit dem Zug oder vielleicht doch lieber mit dem Auto? Am günstigsten für den Geldbeutel wäre es ja zu Fuß. Aber ist das nicht viel zu anstrengend und dauert das nicht viel zu lange? Die Wegzeit geht ja dann ab von der Zeit, die man hätte am Strand liegen können.

Natürlich wäre es, gelinde gesagt, ein wenig verträumt, wenn Sie sich aus Deutschland zu Fuß und in teuren Sneakers aufmachten, um bis an die Côte d'Azur zu wandern. Und ich verspreche Ihnen, die nächste Polizeistreife würde Sie anhalten, um Sie ausgiebig zu befragen, was es auf sich hat mit dem großen Rollkoffer, den Sie da so mühsam hinter sich herziehen. Doch im Prinzip wissen Sie, was ich meine. Schenken Sie dem Weg mehr Bedeutung. Und wenn es Ihr Geldbeutel und Ihre Zeit erlauben, wählen Sie eine langsame Transportmöglichkeit.

Paradoxerweise kostet es heute umso mehr Geld, je langsamer Sie reisen, so dass jeder das Flugzeug als beste Transportmöglichkeit auswählt. Und unter dem Aspekt des Preis-/Leistungsverhältnisses stimmt das ja auch. Fliegen ist am schnellsten und am günstigsten. Fliegen ist aber auch am langweiligsten. Da wäre das Hinwandern ja spannender. Doch wie bereits erwähnt, sind hier die Schwierigkeiten vorprogrammiert. Siehe weiter oben.

Tipps zur Anreise mit dem Flugzeug

Bleiben wir realistisch. Eine Städtereise nach Nizza wird in 80 % der Fälle mit dem Flugzeug angetreten. Und leider muss ich Sie an der Stelle enttäuschen. Mir fällt beim besten Willen nicht ein, mit welchem Insidertipp ich Ihre Anreise mit dem Flugzeug zu einem besonderen Erlebnis machen könnte. Außer vielleicht, indem Sie sicherstellen, direkt am Fenster sitzen zu dürfen, so dass Sie bei Start und Landung den Hals nicht so strecken müssen, um darüber zu staunen, wie die Erde sich immer weiter entfernt bzw. immer näherkommt. Ein anderer Tipp wäre vielleicht der: Anstatt wie gewohnt mit der Linienmaschine zu fliegen, buchen Sie doch mal ausnahmsweise einen Privatjet. Die Flotte der Lufthansa

Private Jets besteht aus Flugzeugen verschiedener Größen. Die Hauptunterschiede machen die zugelassene Passagieranzahl und die Kabinenhöhe aus. Los geht es mit 7 Sitzplätzen und 1,49 m Kabinenhöhe und endet mit 10 Sitzplätzen und 1,88 m Kabinenhöhe. Sie sehen also, je aufrechter Sie in Ihrem Privatjet stehen können, desto teurer wird es.

Im Übrigen ist das auch die erste Frage, die sich Milliardäre untereinanderstellen, wenn Sie mit ihren Privatjets angeben. Da heißt es dann immer: „Ja gut, aber wie ist die Kabinenhöhe?"

Der Flug von Frankfurt am Main nach Nizza kostet so um die 7000,- Euro. Das klingt erstmal nach richtig viel Geld. Doch aufgepasst: Das Essen ist um einiges besser als bei easyJet und Sie werden von einem Chauffeurservice von zu Hause abgeholt und in Nizza bis zu Ihrem Hotel gebracht. Auch bekommen Sie bei Lufthansa satte Flugmeilen für Ihren Luxusflug gutgeschrieben. Sie müssen nirgendwo anstehen, sind an keine Uhrzeiten gebunden, bekommen eine persönliche Assistentin zur Seite gestellt, werden von den Piloten mit Namen angesprochen, haben endlose Beinfreiheit und können während des Fluges sogar Kopfstand machen, wenn Ihnen gerade danach ist (und nochmal: Kabinenhöhe beachten!).

Der einzige Nachteil wäre der hohe Preis. Aber wenn Sie es recht bedenken... und vor allem, wenn sich mehrere Reisende zusammentun... und Sie sich Angebote von einem der vielen anderen Anbieter einholen (aviation-broker.com) und vergleichen..., dann kostet Sie der Hinflug vielleicht 800,- Euro pro Person. Und es wäre garantiert der abenteuerlichste, spektakulärste und unvergesslichste Flug Ihres Lebens.

Stellen Sie sich vor, Sie treten mit Freunden oder mit Familie auf diese Art und Weise Ihre Urlaubsreise an. Ich kann Ihnen versprechen, Sie werden aus dem Staunen nicht mehr herauskommen und die Freude über das Erlebte wird sich als Dauergrinsen in den Gesichtern aller Beteiligten widerspiegeln. Und zu guter Letzt verrate ich Ihnen noch eine außergewöhnliche Besonderheit des Fliegens im Privatjet. Denn während Linienflugzeuge in einer Höhe von ca. 9500 m unterwegs sind, fliegen Sie mit dem Privatjet in einer Höhe von bis zu 15.000 m. In dieser Höhe berühren Sie die Grenze zur Stratosphäre. Und wenn Sie jetzt alle einen Blick aus den Fenstern werfen und nach oben schauen, dann blicken Sie direkt in die tiefschwarze Unendlichkeit des Weltraums. An diese Weite werden Sie sich den Rest Ihres Lebens mit schauriger Freude erinnern, und das zum Preis eines besseren Mobiltelefons. Ich bitte Sie inständig, diesen Tipp wenigstens einmal im Leben zu beherzigen, um wirklich zu verstehen, was Goethe genau mit ‚Reisen bildet' meinte.

Tipps zur Anreise mit dem Auto

Des Deutschen liebstes Kind ist das Automobil. Das liegt schlichtweg daran, dass die Deutschen schnelle und solide Autos bauen, mit denen sie, streckenweise ohne Tempolimit, stets mobil und befreit durch die Gegend kurven können. Entsprechend gerne nimmt der Deutsche sein Auto auch mit auf Reisen ins Ausland. Schließlich fährt in seinem gut gewarteten PS-Boliden immer ein Stück Heimat mit. Daran konnten selbst die vielen Billigflieger und Last-Minute-Angebote nichts ändern, denn laut Statistik diverser Tourismusverbände verreiste auch letztes Jahr (2018) knapp die Hälfte der deutschen Urlauber mit dem Auto. Oder genauer gesagt 45 %.

Dagegen ist im Grunde nichts einzuwenden. Also Reifendruck und Ölstand kontrollieren, Sack und Pack verstauen und los gehts auf die Autobahn der Sonne entgegen. Ob nun zu zweit im schnittigen Cabrio oder zu sechst im praktischen Großraum-Van, bei der Anreise mit dem Auto schwingt auch immer ein Gefühl von Freiheit und Abenteuer mit. Vorausgesetzt, Vati sieht das Ganze nicht als Herausforderung seinen eigenen Streckenrekord zu brechen oder die Strecke in einem Stück zu schaffen. Erklären Sie ihm in dem Fall die Vorteile des entschleunigten Reisens. Denn dafür steht heutzutage das Automobil bereits, man kann es kaum glauben.

Ihrem gewählten Urlaubsziel Nizza können Sie sich nun aus zwei Richtungen nähern. Vom Osten her über Genua oder vom Westen her über Aix-en-Provence. Sollten Sie sich für die Ost-Route entscheiden, dürfen Sie sich auf eine bergige und tunnelreiche Fahrt durch die Schweiz freuen. Sollten Sie sich irgendwie verfahren haben und auf der A1 bei Deitingen gelandet sein, wäre es sträflich, ein Mittagessen in Cindy's American Diner auszuschlagen (cindys.ch). Das hat zwar nichts mit Schweizer Kultur zu tun, aber dafür ist das Diner seinen amerikanischen Originalen so erschreckend ähnlich nachempfunden, dass Sie sich irgendwo in Iowa während der 50er Jahre wähnen würden, insofern Sie nicht aus dem Fenster schauen. Eine Cindy sucht man hier zwar vergebens, aber die Pancakes sind nicht von dieser Welt.

Sollten Sie sich auf der A2 befinden, dann tanken Sie bitte unbedingt an der nagelneuen, erst 2018 eröffneten Gotthard Raststätte (gotthardraststaette.ch). Sie ist nicht nur bestens gerüstet für das Aufladen von E-Autos, neben Sauberkeit und ordentlichen Essensportionen empfängt Sie im Gebäude „Richtung Süd" eine imposante Wilhelm Tell & Sohn Statue aus handgeschnitztem Holz. Über Hörstationen können Sie sich dann die Geschichte so erzählen lassen, wie sie sich tatsächlich zugetragen hat und wenn Sie gebildeter sind als all die anderen Anwesenden, das Ganze auch in Mandarin.

Nach dem Essen steht Ihnen das frische Gewässer der Reuss zum Händewaschen zur Verfügung. Direkt hinter dem Gebäude, einen kleinen Weg hinunter, umringt von sagenhaft schöner Berglandschaft, fließt gemächlich ein Bergwasser, dem Gotthardmassiv entsprungen, und erinnert Sie mit seinem weißen, kalten Blau daran, dass Sie am Ziel Ihrer Fahrt ein noch viel schöneres Blau erwartet.

Und für diejenigen, die noch weiter östlich

aufgebrochen, sich auf der A13 Richtung Lugano befinden, ja die haben das meiste Glück. Sie sehen alles, von der mystischen Tamina-Schlucht mit seinem 37° C warmen Thermalwasser über die Möglichkeit des Canyoning zwischen den 300 m hohen Felswänden der Viamala- Schlucht bis hin zur kleinen, katholischen Kirche Santa Maria del Castello bei Mesocco. Dieses zierliche Glaubensgebäude steht seit nunmehr knapp 1000 Jahren und trotzt sowohl den Zeiten als auch den Glaubenskriegen. Sollten ihre Türen aus irgendeinem Grund verschlossen sein, fragen Sie einfach in der Bar gleich bei der Kirche nach den Schlüsseln. Bitte bestellen Sie aber vorher eine Kleinigkeit, seien wir höflich zu den Einheimischen!

Für welche der Routen Sie sich auch immer entscheiden bzw. aus praktischen Gründen entscheiden müssen, spätestens bei Mailand trifft man sich wieder und steuert gemeinsam Richtung Genua und von dort die Autostrada A10, auch Autostrada dei Fiori genannt, entlang der italienischen Riviera Richtung Nizza. Aber erwarten Sie trotz des vielversprechenden Namens nicht zu viel, weder Blumen noch einen großartigen Meerblick ... einfach nur Autobahn und Tunnel und Autobahn und Tunnel und Autobahn und Tunnel ....

Und nun zur Alternativroute West. Ob Sie von Straßburg, Basel oder Genf aus auf die A7 zusteuern, alles südlich von Lyon nennt sich „Autoroute du Soleil", genauso wie alles nördlich von Lyon Richtung Paris. Die Bewohner der Hauptstadt waren auch der Hauptgrund, warum man ab 1951 großen Wert daraufgelegt hat, die Sonnenroute unaufhörlich auszubauen.

Es ging um die Sommerferien. Während Engländer, Deutsche oder Holländer ihr Glück darin suchten, andere Länder und andere Sitten kennenzulernen, verbrachte der Franzose seine Ferien gerne im eigenen Land, respektive im Süden an der Côte d'Azur bzw. in einem der vielen Nationalparks. Viele Sozialwissenschaftler meinen darin den Grund gefunden zu haben, warum der Franzose an sich kein Englisch spricht. In ganz Frankreich finden Sie kaum einen Bürger, der nicht als Schüler auf Klassenfahrt die „Autoroute du Soleil" entlang an die Campingplätze im Süden des Landes gekarrt worden ist, sozialistisch klatschend und singend, die Augen kneifend, geblendet von der gelben Sommersonne am Horizont. Und ganz egal, welche Raststätte Sie ansteuern, Urlaub in Frankreich beginnt auf der „Autoroute du Soleil" und jede Leitplanke und jedes Schlagloch auf dieser Strecke schreit förmlich „Vacances!".

Spätestens wenn Sie dann im Stau stehen, denn der gehört zu diesem Autobahnabschnitt wie die korsischen Verbrecherclans zu Marseille, spätestens dann, wenn die ersten Väter im Auto nebenan wilde französische Flüche ausstoßen, weil seit einer halben Stunde alles nur noch steht und schwitzt und spätestens wenn aus den Autoradios die schnell gesprochenen Werbespots der großen französischen Supermärkte auf Sie einprasseln, ja spätestens dann sind Sie mitten in Frankreich angekommen.

Halten Sie durch! Nizza, die Schöne, die Belohnung für all Ihre Strapazen, erwartet Sie bereits, hat die Betten frisch bezogen und eine Orangina-Limonade kaltgestellt. Einheimischer kann man Nizza nicht ansteuern als über die „Autoroute du Soleil". Gönnen Sie sich dieses Vergnügen, wenn Sie Nerven wie Brückendrahtseile haben und Ihre Familie es auch in schwierigen Zeiten gewohnt ist, zusammenzuhalten.

Tipps zur Anreise mit der Bahn

Als die ersten Damen Mitte des 19. Jahrhunderts Züge bestiegen, soll Ihnen schwindelig geworden sein von der schnellen Fahrt und den rasant vorbeiziehenden Landschaften. Weder der Körper noch der Geist waren es gewohnt, sich derart schnell fortzubewegen. Immerhin mit rasanten 50 km/h. Würde man so eine Dame in einen ICE setzen, um sie auf 330 km/h zu beschleunigen, könnte man Sie anschließend ins Hospiz einweisen.

Eine Einzelfahrkarte für eine Zugfahrt von Frankfurt am Main nach Nizza kostet laut Bahnauskunft ca. 120,- Euro, ohne Bahnkarte und in der 2. Klasse oder ca. 160,- Euro in der 1. Klasse, One-Way wohlgemerkt! Ein schlichtweg unschlagbares Preis-/Leistungsverhältnis, denn während Flugreisende zwanghaft Tomatensaft trinken müssen und Autoreisenden die Ohren dröhnen, blättert der Bahnreisende in der Zeitung und sinniert über die Zurechnungsfähigkeit amerikanischer Präsidenten. Die Vorzüge einer Bahnreise aufzuzählen ergäbe eine schier unendliche Liste von Annehmlichkeiten, während die Nachteile eher konstruiert wirken. „Bahn? Ja, aber dann bin ich irgendwie nicht flexibel.", heißt es dann immer halbherzig. Mischen Sie da bitte nicht mit, manipulieren Sie sich bitte nicht selbst! Bahnfahren ist umweltfreundlicher, sicherer, entspannter und romantischer als jede andere Fortbewegungsart. Bahnfahren ist Reisegenuss pur! Höchstens eine Kutschfahrt kann da noch mithalten. Womit wir wieder Mitte des 19. Jahrhunderts bei den reisenden Damen wären. Der einzige Tipp, der entscheidend sein kann für Ihre Bahnfahrt von Deutschland nach Nizza: Fahren Sie solche langen Strecken bitte immer nur in der 1. Klasse. Immerhin sind Sie gute 10 - 15 Stunden unterwegs. Und vergessen Sie nicht zu reservieren!

Tipps zur Anreise mit dem Bus

Sind Sie Student und haben kein Geld? Für die Busfahrt von Frankfurt am Main nach Nizza bezahlen Sie bestenfalls nur 29,90 Euro, bei einer Fahrdauer von ca. 20 Stunden. Das geht doch, oder?

Sie sind kein Student und müssen auch nicht jeden Cent 2-mal umdrehen? Dann lassen Sie das mit der Busfahrt! Warum? Vertrauen Sie mir bitte! Lassen Sie es! Selbst wenn man Sie für die Fahrt bezahlen sollte..., lassen Sie es einfach! Es gibt hier auch keine weiteren Tipps zu dem Thema! Bitte weitergehen!

IHRE UNTERKUNFT IN NIZZA

Dick Rivers, eine französische Rock'n'Roll-Ikone, hieß mit bürgerlichem Namen Hervé Forneri, er starb am selben Tag, an dem er 74 Jahre zuvor geboren wurde und stammte ursprünglich aus Nizza. „In Nizza bin ich auch weiterhin nur der Sohn des Metzgers.", sagte Rivers als man ihn fragte, was das Besondere sei an seiner Heimatstadt. Nizza schert sich nicht viel um Titel oder um Stars oder um Legenden. Denn Nizza ist nichts anderes gewohnt.

Die Einheimischen kennen seit Generationen nichts anderes als Glanz und Glamour in ihren Straßen. Und wer sich ihr Wohlwollen und ihre Anerkennung verdienen will, der braucht nichts anderes zu tun, als sich wie ein Einheimischer zu benehmen. Wenn Sie sich also fragen, wo Sie in Nizza gerne unterkommen würden während der Zeit Ihres Aufenthaltes, dann wäre meine erste Wahl die Wohnung eines Einheimischen. Ich weiß woran Sie jetzt denken. Sie denken an Airbnb, richtig? Nun, dort finden Sie aufgehübschte Wohnungen von professionellen

Appartementvermietern. Aber nichts davon ist authentisch.

Mein Tipp für einen authentischen Aufenthalt in Nizza: Suchen und finden Sie ein echtes Appartement auf vacances.seloger.com oder auf abritel.fr. In beiden Fällen müssen Sie der französischen Sprache mächtig sein, denn beide Plattformen verzichten bewusst auf eine englische Sprachversion und richten sich ausschließlich an Urlauber, welche auch als Touristen in das echte Frankreich abtauchen wollen. Eine Stadtvilla aus der Belle Époque mitten in Nizza, ausgestattet für 8 Personen, mit eigenem Garten und Swimmingpool für 230 Euro pro Tag gefällig? Alles ist möglich. Und bei Schlüsselübergabe kommen Sie auch gleich ins Gespräch mit der einheimischen Vermieterin. Bei der Gelegenheit laden Sie sie doch zum Essen ein, in ihr eigenes Haus. So geht Urlaub in Nizza!

Wenn Sie aber andererseits auf die Annehmlichkeiten eines Hotels nicht verzichten möchten, dann sollte es wenigstens ein Haus sein, das sich irgendwie von all den anderen Häusern unterscheidet, oder? Vielleicht so etwas wie ein geheimer Geheimtipp? Ein charmantes Hideaway, familiengeführt, traditionell gebaut, aber dennoch mit allem modernen Komfort? Es müsste einigermaßen günstig und zentral liegen. Von der Ausrichtung soll es sowohl für die Romantik als auch für die Familie geeignet sein? Ja, dann habe ich den richtigen Tipp für Sie: Wachen Sie auf!

Das, was ich Ihnen da schmackhaft gemacht habe, so etwas gibt es nur noch in Ländern der 2. Welt. In Ländern, welche gerade erst aus ihrem hundert Jahre andauernden Dornröschenschlaf erwacht sind. Und in der Regel sind die Gründe für so ein Erwachen politischer Art. Und politisches Erwachen ist immer auch ein schmerzhaftes Erwachen. Machen Sie sich also frei von der Illusion, in einem Land wie Frankreich, an einem Ort mit 4,5 Millionen Besuchern pro Jahr eine halbwegs ordentlich geführte Unterkunft zu finden, von der außer Ihnen und mir noch nie jemand gehört hat.

Nähern wir uns dem Thema der besonderen Unterkunft besser aus einer anderen Richtung. Hotels haben alle ihre Vor- und Nachteile. Und was die Einen als lobenswert empfinden, melden die anderen den entsprechenden Reiseportalen als Schwäche. Die Wahrheit ist, dass die Arbeit in einem Hotel oder

sogar der Betrieb eines Hotels eine unglaublich ner-
venaufreibende Sache ist.

„Einen Beruf kann man erlernen, Berufung
nicht.", sagte einmal ganz treffend Pablo Picasso.
Und wer weiß wo ihm dieser Gedanke kam, vielleicht in einem Hotel in Nizza, vielleicht bei einem
Glas Absinth. Denn mehr noch als in allen anderen
Berufen muss man sich ernsthaft berufen fühlen, um
in dem enervierenden Mikrokosmos eines Hotels
glücklich zu werden.

Nur die Passion hält Sie hier am Leben. Ich will
sagen, Sie können sich über die Qualität eines Hotels
informieren so viel Sie wollen... einmal vor Ort ist
plötzlich alles ganz anders. Das ist abhängig von der
ganz persönlichen Tagesform des Angestellten, der
eben erst die Betten gemacht hat, Ihnen die Koffer
aufs Zimmer bringt, Ihnen die Tür aufhält sobald Sie
sich dem Ausgang nähern. Mein Tipp zum ersten Fil-
tern: Beachten Sie bei einer Hotelkritik nur eines,
nämlich wie gut sein Restaurant abschneidet. Nur
das ist entscheidend! Stimmt die Qualität des Restaurants, dann stimmt auch der Rest des Hauses. Garantiert!

Fokussieren wir uns also auf Hotels mit guten

Restaurantkritiken in den diversen Reiseportalen. Und jetzt kommt der zweite Tipp zur richtigen Auswahl eines geeigneten Hotels: Suchen Sie nach Häusern, die etwas Außergewöhnliches zu bieten haben. Das können z.B. besonders geräumige oder auch besonders kleine Zimmer sein oder ein eigener Strand oder Meerblick für jedes Zimmer oder eine unverfälschte Inneneinrichtung usw... Suchen Sie nach dem absoluten Konkurrenzvorteil. Vernachlässigen Sie anschließend alles andere (außer das Restaurant).

Nehmen Sie es nicht so ernst, wenn das Zimmermädchen Ihre Betten nicht gemacht hat oder der Lichtschalter defekt ist und die Leselampe nicht funktioniert, auf Neudeutsch gesagt: Machen Sie sich locker. Sie sind im Urlaub. Und denken Sie daran, wenn Sie die Angestellten auch nur ein ganz klein wenig freundlich behandeln, werden sich diese an Sie erinnern. Jedes Mal, wenn Sie die Hotellobby betreten, wird man sich an Sie erinnern und untereinander tuscheln. Man wird sich zuzwinkern als Signal dafür, dass Sie „okay" seien und man wird Sie entsprechend besser behandeln als die stummen Gäste, die sich nicht viel scheren um diejenigen, die für einen unvergesslichen Aufenthalt sorgen sollen.

Anbei also eine Auswahl an Hotels in Nizza, welche die entscheidenden zwei Kriterien erfüllen, nämlich das Kriterium eines guten Restaurants und das Kriterium, welches den besonderen Konkurrenzvorteil hat, der Anzahl ihrer Sterne.

Es soll ja Hotels geben mit sechs und sogar sieben Sternen. International haben sich die verschiedenen Verbände und Behörden, die die Einstufung der Hotels vornehmen, auf maximal fünf Sterne geeinigt. Rühmt sich ein Haus mit mehr als fünf Sternen, dann seien Sie versichert, dass es sich dabei um den verzweifelten Versuch der Marketingabteilung handelt, irgendwie bedeutsam zu erscheinen. Aber solche Häuser finden Sie weder in Frankreich noch in Europa, geschweige denn an der Côte d'Azur.

5***** Grand Hotel Le Negresco

Das Negresco ist das Negresco, eigentlich sind hierzu keine weiteren Erklärungen nötig. Eine Belle Époque- Zuckerguss-Architektur, entworfen 1909 von Édouard Niemans und Gustave Eiffel im Auftrag von Henri Negresco und seit dem ersten Tag nach der Eröffnung 1912 die erste Wahl all derer, welche sich gerne mal eine Auszeit gönnen möchten von Krone und Königreich, ohne auf die gewohnten Annehmlichkeiten verzichten zu müssen.

Das Negresco sucht seinesgleichen, ob nun an der Côte d'Azur oder an irgendeiner anderen Côte weltweit. Wäre Ihnen früher noch Salvador Dali samt Gepard an der Leine im Flur begegnet, so ist es gut möglich, dass die ungeschminkte Lady Gaga neben Ihnen sitzt an der seit 1912 original erhaltenen Bar und Sie es gar nicht bemerken.

„In diesem Haus ist ein jeder ein Star.", so der Spruch, mit welchem die führenden Angestellten ihre Mitarbeiter motivieren. Swimmingpool oder Spa suchen Sie hier allerdings vergeblich, denn beides gehört sich nicht, so Jeanne Augier, die erst kürzlich verstorbene Besitzerin. Ihren Memoiren kann man entnehmen, wie sie zu dem Haus kam. So hörte sie wohl eines Tages von einem Hotel mit großem Fahrstuhl. Dort hätte der Rollstuhl ihrer Mutter ohne Probleme genug Platz, dachte sich die Tochter eines wohlhabenden bretonischen Schweinezüchters.

Kurz darauf kaufte die Familie das Haus Negresco und zog in die oberen Etagen ein. Kunst war eine ihrer liebsten Beschäftigungen und so wundert es nicht, dass die Säle, Flure und Räumlichkeiten auch als Ausstellungsfläche dienten für gut 6000 Kunstwerke, die Madame Augier ihr Eigen nannte und die schon so manchen Museumsdirektor haben vor Neid erblassen lassen. Weltweit gibt es vielleicht noch eine Handvoll Grandhotel-Paläste, welche inhabergeführt sind, doch keines von denen reicht auch nur annähernd an den Glamour des Negresco heran.

Le Chantecler ist der Name des exquisiten Zwei-Sterne-Restaurants im Hotel Negresco, welches seit Kurzem erst von der Chefin Virginie Basselot geleitet wird. Hier genießen Sie ein klassizistisches Ambiente des 18. Jahrhunderts, original von 1751 erhaltene Wandvertäfelungen und ein voluptuöses Barock-Karussell. Aber nicht nur Intérieur und Speisen sind nicht von dieser Welt, auch der

Service ist berückend gut, bis hin zur Perfektion. Nichtsdestotrotz denken Sie bitte daran, dass die Preise, egal wie hoch diese auch ausfallen mögen, immer gerechtfertigt sind und vergessen Sie bitte nicht, dass Sie schlussendlich von menschlichen Wesen bedient werden, mit denen man Kontakt in Form eines Lächelns aufnehmen kann. Aber bitte nicht gleich in Plaudereien verfallen.

Wem das Ambiente in einem Sterne-Restaurant ein wenig zu viel des Guten ist oder wer einfach nur ganz ‚normal' essen gehen möchte, der reserviert dann doch besser in der Hotel-Brasserie **La Rotonde**, per definitionem also eine bürgerliche Gaststätte. Hier empfängt Sie ein in Gold und Erdtönen getauchtes Ambiente französischer Eleganz. Wobei Sie bitte nicht vergessen dürfen, dass das Negresco mit Sicherheit unter ‚bürgerlich' etwas anderes versteht als Sie und ich. Erfolgreiche Geschäftsleute gelten z.B. als bürgerlich.

Grand Hotel Le Negresco – 37, promenade des Anglais – 06000 Nizza – hotel-negresco-nice.com
Zimmerpreise ab ca. 200,- Euro

4**** Hotel La Pérouse

Die Vier-Sterne-Hotel-Kategorie ist die am meisten gebuchte Kategorie, jedenfalls in Frankreich. Und das ist auch verständlich, denn die Abstriche, welche man im Vergleich zu einem Haus der Fünf-Sterne-Kategorie machen muss, bewegen sich eher im Bereich des absoluten Luxus, aber niemals im Bereich von Qualität oder Service. Aus diesem Grund möchte ich Ihnen ausnahmsweise zwei Hotels der Vier-Sterne-Kategorie vorstellen, wie sie unterschiedlicher nicht sein könnten.

Am Anfang der Promenade des Anglais, oberhalb der Baie des Anges, thront das reizende Hotel La Pérouse, wie in den Fels gekrallt und mit seiner großzügigen Terrasse all die anderen Häuser um sich herum überragend. Zugang erhalten Sie über einen unscheinbaren Hauseingang von der Straße aus, um anschließend mit dem Fahrstuhl in die Hotellobby zu gelangen.

Der Großteil der 56 Zimmer und Suiten verfügt über einen atemberaubenden Meerblick. Hier, in luftiger Höhe und mit uneinnehmbarer Sicht auf den fernen Horizont, staunen Sie über das Azurblau des Wassers und den ebenso blau erstrahlten Himmel.

Sie werden aus dem Staunen nicht mehr herauskommen. Und sollten Sie die Möglichkeit haben ein Zimmer mit Balkon zu buchen, dann sehen Sie sich vor. So mancher soll dort auf dem Balkon den Urlaub staunend verbracht und sich geweigert haben das Zimmer zu verlassen, hypnotisiert und berauscht von diesem einen Blau, das schon so viele in seinen Bann gezogen und nie wieder losgelassen hat. In dem Fall hilft vielleicht der geräumige Außenpool, zur kühleren Jahreszeit natürlich beheizt, oder der Whirlpool auf der Dachterrasse.

Das hoteleigene Restaurant **Le Patio** verfügt über eine großzügige Terrakotta-Terrasse im mediterranen Stil, wo Ihnen der Chef David Chauvac anbietet, sich in den Schatten seiner Zitronenbäume niederzusetzen und seine äußerst raffinierte, provenzalisch angelegte Küche zu erleben. Nichts ist hier protzig oder vermessen, eher subtil und fein und immer von frischer Qualität.

Hotel La Pérouse – 11, quai Rauba Capeu – 06300 Nizza – hotel-la-perouse.com
Zimmerpreise ab ca. 120,- Euro

4**** Hotel Windsor Nice

Mitten im Zentrum des Viertels Carré d'Or gelegen, besticht das Boutique-Hotel Windsor durch einen ganz außergewöhnlich zeitgenössischen Charme. Hier treffen die Ideen des modernen Lebens auf die Beständigkeit von Tradition, das Ganze vereint durch Kunst und Kultur.

Ein eklektischer Ort, der sich viel wagt und doch auch mit Bescheidenheit überzeugen kann. Ehrlich gesagt, ein kleiner Geheimtipp für all diejenigen, die eine ständige Berieselung von tausend Eindrücken eher als etwas angenehm Inspirierendes empfinden. Der Einrichtungsstil der Zimmer kann unterschiedlicher nicht sein, mal traditionell mediterran, mal minimalistisch modern.

Das liegt an den vielen zeitgenössischen Künstlern, denen man wohlwollend die Konzeptionierung der Räume übertragen hat. Freuen Sie sich also auf Überraschungen satt und jährlich wechselnde Kunstausstellungen in der Lobby. Hier wird Kunst nicht nur gefeiert, sondern tatsächlich gelebt. Wer sich für das Windsor entscheidet ist jung oder junggeblieben und empfindet Farben und Formen jeglicher Art als etwas Natürliches. Natürlichkeit ist auch das Motto des Innenhofes. Hier wachsen Pflanzen kreuz und quer über ihren Köpfen, ragen verdrehte Baumstämme in den Himmel und fächern gedrungene Palmen die Mittagshitze fort. Ein wahrer mediterraner Dschungel, in dem Sie verweilen und speisen, schwimmen und dösen können und den Ranken dabei zusehen, wie sie sich die Fassade des Hauses empor räkeln. Das Windsor ist die reinste grüne Oase und der kleine Swimmingpool ist der blaue Klecks ihrer Mitte.

Das Windsor-Restaurant **Wi Jungle,** unter der Leitung von Monsieur Gabsi, besticht durch Frische und Regionalität und bietet auch Veganern eine ernst gemeinte Auswahl an Gerichten. Inzwischen wurden die Anstrengungen des Chefs und seiner Crew durch die ‚Association Francaise Des Maîtres Restaurateurs' gewürdigt und ihm der Titel „Maître Restaurateur" verliehen.

Eine hohe Auszeichnung, welche nicht nur die Arbeit in der Küche begutachtet, sondern auch die Herkunft der Produkte, die Räumlichkeiten und den Service. Und ähnlich wie bei einem Michelin-Stern, kündigt der Tester seinen Besuch vorher nicht an. Wo wäre da auch der Witz, n'est-ce pas?

Hotel Windsor Nice – 11, rue Dalpozzo – 06000 Nice
– hotelwindsornice.com
Zimmerpreise ab ca. 90,- Euro

3*** Hotel De Suède Nice

Machen wir uns nichts vor. Je weniger Sterne ein
Haus hat, desto mehr Abstriche bzw. Kompromisse
sind vonnöten. Bitte passen Sie Ihre Erwartungen an
die Möglichkeiten eines Drei-Sterne-Hauses an.

Manchmal ist Ihr Zimmer bei Ankunft noch nicht
fertig und Sie müssen sich kurz gedulden und
manchmal vergisst die überforderte Rezeptionistin
Ihre Extrawünsche zu notieren und Ihren Ansprü-
chen gerecht zu werden. Es will Sie niemand ärgern,
es geht manchmal eben nur nicht besser. Sie sind in
einem Drei-Sterne-Haus, erwarten Sie bitte keinen
Fünf-Sterne-Service und auch keine Vier-Sterne-
Aufmerksamkeit für Ihr Drei-Sterne-Geld.

Das Hotel De Suede ist äußerst zentral gelegen,
nur 200 m entfernt von der Promenade des Anglais
und praktisch in Rufweite des Jardin Albert 1er. Das
Haus bietet Ihnen ein erstaunliches Preis-/Leis-
tungsverhältnis. Es hat eine einladende Lobby, geräumige Zimmer, moderne Ausstattung und Einrich-
tung sowie ordentliche Bäder. Alles deutet auf eine

kürzlich erfolgte Renovierung hin und die war erfolgreich!

Die Rezeption ist mehrsprachig und verfügt sogar über eine Conciergerie, also über geschulte Profis, die auch Gästen mit hohem Service-Bedürfnis die Möglichkeiten des Hauses aufzeigen. Im ersten Stock des Hauses erwartet Sie jeden Morgen ein, für französische Verhältnisse, wirklich opulent geratenes Frühstück. Die öffentlichen Räumlichkeiten sind allesamt klimatisiert, auch keine Selbstverständlichkeit in dieser Kategorie. Bezüglich der Buchung verspricht Ihnen das Management eine Bestpreisgarantie bei Buchung über die eigene Website. Das hat einen großen Vorteil: Die Buchung erfolgt direkt ins Buchungssystem des Hotels, also nicht über Drittanbieter, verhindert die Überbuchung bzw. Fehlbuchung und erspart einem somit die wahrscheinlich anstrengendste Situation, die man sich im Urlaub nur vorstellen mag, nämlich nach mühevoller

Anreise über kein Zimmer zu verfügen, also erst mal kein Zuhause zu haben. Vorsicht! Das weckt Urängste und macht aggressiv! Das Hotel bedankt sich für Ihre Direktbuchung mit garantierten 50% Ermäßigung auf das Frühstück und dem schier unglaublichen Angebot, dass Kinder bis zum 12. Lebensjahr umsonst untergebracht werden.

Das Restaurant des Hotels De Suède befindet sich in der 6. Etage und verfügt sogar über eine Außenterrasse. Wenn Ihnen der Blick von der riesigen Fensterfront aus nicht ausreicht, reservieren Sie doch für den Abend einen Tisch auf der Terrasse und speisen hoch über den Dächern von Nizza, bevor Sie sich anschließend zu einem Spaziergang über die nächtliche Promenade aufmachen. Die Küche des Suède ist mediterran und international angelegt und versorgt auch den großen Hunger, ohne dabei die Qualität aus den Augen zu verlieren. Das alles ist insgesamt nicht schlecht für ein Drei-Sterne-Haus und wenn man es mit den Bemühungen anderer Häuser dieser Kategorie vergleicht, dann ist es schlichtweg sogar unglaublich, was einem hier für relativ kleines Geld geboten wird!

Hotel De Suède Nice – 18, avenue de Suède – 06000 Nice – hoteldesuedenice.com
Zimmerpreise ab ca. 60,- Euro

Jetzt geht es los!

FREMD UND DENNOCH EINHEIMISCH

Sie haben es tatsächlich bis nach Nizza geschafft, herzlichen Glückwunsch! Ob die Anreise nun angenehm, anstrengend oder unerträglich war, die Wahl Ihrer Unterkunft gelungen oder völlig missraten ist, ab jetzt sind Sie ganz allein verantwortlich und zuständig für Ihr Reise-Glück. Und genau darin besteht auch das Problem.

Nizza, die Schöne, ziert sich manchmal. Sie ist es gewohnt, bestaunt und begehrt zu werden und das von den attraktivsten und reichsten Berühmtheiten der Welt und das nicht erst seit letztem Sommer, sondern die letzten zwei Jahrhunderte über. Und jetzt kommen Sie. Und mit Ihnen auch Ihr großer Wunsch oder wenigstens das dringende Bedürfnis, sich zu erholen, sich zu belohnen und sich emotional und intellektuell, in den Kasinos sogar monetär, zu bereichern.

Nizza möchte sich sehr gerne bei Ihnen unterhaken, Ihnen zur Seite stehen, Sie begleiten und Sie führen. Nizza möchte Sie also als Besucher willkommen heißen. Und ich weiß ganz zufällig, dass Nizza Ihnen beim Abschied sehr gerne „à bientôt mon ami(e)" winken möchte. Ob Sie aber zur Familie gehören oder nur ein fremder Besucher bleiben, liegt einzig und allein an Ihnen.

Knapp 350.000 Einwohner stehen jährlich Millionen von Besuchern entgegen. Menschen verschiedenster Kulturen, aus allen Schichten und mit grundsätzlich anderen Traditionen besuchen alle dieselbe Stadt, strömen durch ihre Straßen, drängen sich in die Restaurants und Cafés, schmeißen sich an die Strände und laufen sich die Sohlen löchrig. Wenn es etwas hier gibt, an dem die Einwohner nie sparen würden, dann sind das Türscharniere. „Spare nicht an den Scharnieren.", heißt es im nizzaischen Volksmund, so oft gehen die Türen hier auf und zu. Jeder

Mensch hat gerne mal ab und an Besuch. Kein Mensch möchte, dass der Besuch für immer bleibt. Aufgrund des alljährlich angenehmen Klimas reißen die Besucherströme nach

Nizza aber niemals ab. Sogar vom Wasser her kommen Sie angeschippert. Bezüglich der Anreise ist es kein großer Unterschied zu den Sarazenen von damals. Der Nizzaer weiß sich dagegen nicht zu wehren, denn seine Gastfreundlichkeit liegt ihm in den Genen und die Höflichkeit Fremden gegenüber empfindet er als Pflicht. Es gibt Touristen, die das schamlos ausnutzen, indem sie sich derart privat geben, wie sie sich nicht mal in den eigenen vier Wänden benehmen würden.

Der Nizzaer ist also Touristen gegenüber, verständlicherweise, grundsätzlich erst mal zurückhaltend. Er huscht zwischen ihnen hindurch, bevorzugt Seitengassen und trägt, nicht nur zum Augenschutz, große, schwarze Sonnenbrillen im amerikanischen Stil. Und er tut so, als verstehe er kein einziges Wort Englisch und als habe er es generell viel zu eilig von der Straße zu kommen, wie früher beim High Noon im Wilden Westen. Bestimmte Orte meidet er oder besucht sie nur zu unmöglichen Zeiten, wenn die

Stadt schläft oder noch nicht erwacht ist. Seit dem Massentourismus hat es der Nizzaer immer schwerer, sich in seiner eigenen Stadt heimisch zu fühlen. Das ist Ihre Chance! Tun Sie sich selbst und dem Nizzaer einen riesigen Gefallen! Und ich sage Ihnen wie!

Grundsätzlich sollten Sie versuchen, sich im Urlaub von Ihrer besten Seite zu zeigen, das gilt umso mehr in einer so sehr von Eleganz geprägten Stadt wie Nizza. Das tut man am besten, indem man sich in Zurückhaltung übt. Inmitten all der schwitzenden und leicht hysterisierten Durchschnittsurlauber werden Sie damit auffallen, sei es an der Rezeption des Hotels, dem Taxistand oder gegenüber Ihrem Kellner. Zurückhaltung gilt in Nizza als Zeichen von Eleganz und Understatement. Das gilt für Zurückhaltung in der Stimme, im Gang, im Blick oder bzgl. der Kleidung.

Was die Kleidung angeht, so würde ich Sie bitten, sich wie Erwachsene zu kleiden. Kurze Hosen sind bei der Hitze zwar angenehmer als lange Hosen, wer aber aussieht wie ein Zehnjähriger, darf sich nicht wundern, dass man erst mal all die anderen Gäste im Restaurant bedient und auch seinem Zetern keine große Beachtung schenkt. Sprich, die Art und Weise, wie Sie sich geben ist ganz entscheidend dafür, wie man Sie in Nizza behandelt.

Das ist in den meisten anderen Städten weltweit ganz anders. Dort kommt es darauf an, wie viel Sie ausgeben. Je mehr Sie springen lassen, desto eher lächelt man Ihnen zu. In Wirklichkeit kann es aber sein, dass man Sie gleichzeitig auslacht, nicht so in Nizza. Die Menschen hier sind authentisch. Entweder man respektiert Sie oder man beachtet Sie erst gar nicht. Entscheiden Sie selbst, was Ihnen lieber wäre.

Haben Sie sich entschieden? Soll ich raten wofür? Parfait! Dann lassen Sie uns schauen, was es alles in dieser wunderbaren Stadt zu erleben gibt. Tolle Hose, die Sie da anhaben übrigens...

SHOPPING

Sie interessieren sich für Mode? Nun, dann haben Sie mit allen anderen Menschen, die sich Kleidung anziehen, etwas gemeinsam. Jeder interessiert sich für Mode, zwangsweise. Die Auswahl der Kleidung, ob nun teuer oder aus der Kleiderkiste, ist ein bewusster Entscheidungsprozess mit unterschiedlichen Kriterien.

Mal geht es dabei um Wärme, mal um Kälte, mal um Grobheit, mal um Feinheit, mal um Farbe oder Töne, mal um das Auffallen und dann wieder um Unauffälligkeit, usw. Neben anderen Shopping-Adressen für Nippes und Antiquitäten und auch für Gemüse und Obst, hier also ein paar Adressen bzw. Gegenden, wo Sie Ihren modischen Entscheidungsprozessen so richtig freien Lauf lassen können.

Mode

Avenue De Suède

Es gibt Luxusboutiquen am laufenden Meter. Hier residieren unter anderem Louis Vuitton, Comtesse du Barry, Anne Fontaine und Zadig & Voltaire. Trauen Sie sich dennoch einen kurzen Bummel. Und vergessen Sie nicht, dass auch Luxushersteller immer wieder etwas kleines Feines im Angebot haben, was sich auch Normalverdiener leisten können.

Avenue Jean Médecin

Das ist eine Fußgängerzone mit einem mittelpreisigen bis hochpreisigen Angebot an Shoppingmöglichkeiten. Es erwartet Sie hier in den Galeries Lafayette Masséna, z.B. Gucci oder Thierry Mugler. Mittlerweile haben sich aber auch Zara und H&M hier niedergelassen.

Im Centre Commercial Nice Étoile finden Sie eine Auswahl an Boutiquen, die mehr als ausreichend sein sollte, um Ihren Shoppinghunger zu stillen, unter anderem Adidas, Aubade, Chevignon, Desigual, Etam, usw. Natürlich gibt es hier auch Schmuck- und Schuhgeschäfte und die allseits beliebten

Kosmetikgeschäfte wie The Body Shop oder L'Occitane. Und falls das Handy streikt, kaufen Sie sich bei FNAC einfach ein neues und ein Buch noch dazu, wenn Sie auf Französisch lesen mögen.

Rue Alexandre Mari

Karl Lagerfeld hat sich hier niedergelassen oder Duncan Woman. Alles in allem lohnt sich der Gang durch die Rue Alexandre Mari für all diejenigen, welche ein individuelleres Shoppingerlebnis bevorzugen. In der traditionellen Papeterie Rontani gibt es eine große Auswahl an Papier und Stiften. Irgendwie mag jeder schönes Schreibpapier und gute Stifte, seltsam, oder? Vielleicht ist es ein Mitbringsel für einen guten Freund?

Rue Paradis

Sehr dicht gedrängt reihen sich hier, ähnlich wie in der Avenue de Suède, die Luxusboutiquen aneinander, während dazwischen immer wieder mal ein mittelpreisiges Geschäft die Atmosphäre auflockert. Marken wie Chanel, Faconnable, Armani, Hugo Boss, Vilebrequin sind hier zu finden, eindeutig einen Besuch wert!

Antiquares
Promenade Des 100 Antiquaires

Dies ist kein offizieller Straßenname, sondern vielmehr die Bezeichnung einer Gegend, welche sich erstreckt vom Hafen Lympia bis hin zum Musée d'Art Moderne et d'Art Contemporain. Innerhalb dieser Zone erwartet Sie eine Vielzahl von Antiquitätenhändlern.

Auch wenn es zunächst aufgrund des Transportproblems eher unwahrscheinlich klingen mag ausgerechnet hier seinen neuen Esstisch oder ein Buffet im französischen Stil zu erwerben, rate ich Ihnen, mit den Verkäufern zu sprechen. Die kennen das Problem und bieten mittlerweile erstaunlich günstige Transportmöglichkeiten quer durch Europa an. Schließlich ist denen ja auch klar, dass easyJet keine Esstische transportiert. Bitte die in Frankreich traditionell gehaltene Mittagspause zwischen ca. 13:00 bis 15:00 Uhr beachten.

Marché Artisanal Nocturne

Ein Markt für einfache Kunst, Kunsthandwerk und schönen Trouvaillen (Fundstücken), welcher in den Abendstunden ab ca. 18:00 Uhr und nur in der Sommerzeit abgehalten wird (Mitte Mai – Mitte September), der optimale Bummelplatz für das nächtliche Beine vertreten. Ort des Vergnügens ist die Cours Saleya, welche tagsüber nebenbei noch als Obst/Gemüse- und Blumenmarkt genutzt wird.

Marché Aux Puces

Die wörtliche Übersetzung von ‚Marché Aux Puces' lautet 'Markt der Flöhe', also Flohmarkt. Gelegen an der Place Robilante, direkt an der Westhafenseite des Port Lympia, erwartet Sie weitaus mehr als nur Krimskrams. Hier finden Sie auch mal feinere Antiquitäten, gerne auch mal was aus der Belle Époque und seien es nur die Fensteroliven. Wie viele Fenster haben Sie eigentlich Daheim? Die Ideen kommen Ihnen garantiert beim Schlendern. Öffnungszeiten täglich ab 10:00 Uhr außer montags.

Marché De La Place Du Palais

Jeweils samstags werden Ihnen auf diesem überschaubaren Markt in der Altstadt alte bis antiquarische Bücher, Hefte, Postkarten und ähnlich Gedrucktes feilgeboten. Beginn schon um 7:00 Uhr morgens. Ein absolutes Muss für jeden halbwegs gebildeten Reisenden oder solche, die es noch werden wollen. Und es ist eine gute Möglichkeit, Mitbringsel zu ergattern.

Klassische Märkte

Cours Saleya

Jeweils Dienstag bis Donnerstag, beginnend in den Morgenstunden ab 6:00 Uhr bis kurz nach Mittag, bieten Ihnen die Stände der Cours Saleya alles an Frischem und Kulinarischem, was die Äcker der Provence nur so hergeben.

Inmitten der Altstadt gelegen, reihen sich die Stände einer neben dem anderen und drapieren Gemüse, Obst, Blumen und Backwaren in Hülle und Fülle, eben jede Art von landestypischen Erzeugnissen, welche die Geschmacksnerven betören und den Magen auf gesunde Art und Weise füllen. Kaufen Sie sich hier die benötigten Obstsnacks, wenn Sie vorhaben den Tag am Strand zu verbringen.

Honigmelonen am Strand könnte der Titel des Tages lauten, wenn Sie vorher die Cours Saleya besuchen.

Marché Aux Poissons

Sollten Sie in einem Appartement bzw. einem Haus untergekommen sein, dann verfügen Sie sicherlich über Kochmöglichkeiten. In dem Fall wäre es eine Sünde den Fischmarkt auf der Place Jacques Toja zu ignorieren. Nicht ganz so sehr in der Nähe des Hafens wie man meinen mag, aber dennoch nah genug, um absolut frischen Fisch und Meeresfrüchte zu offerieren. Frischeren Fisch gibt es nirgendwo, außer vielleicht, Sie überfallen morgens um 5:00 Uhr eines der Fischerboote, das gerade den Hafen ansteuert. Dann haben Sie zwar noch frischeren Fisch, müssen ihn aber aus anderen Gründen zügig zubereiten.

Für alle diejenigen, die während ihres Aufenthaltes im Hotel wohnen, kann ich nur den Rat geben, den Fischmarkt nicht zu besuchen. Sie haben absolut nichts davon, frischen Fisch zu bestaunen, wenn Sie ihn nicht auch kaufen und zubereiten können ärgern Sie sich täglich von 6:00 bis 13:00 Uhr außer montags.

Marché Aux Légumes Et Fruits De La Libération

Auf der Place du Général de Gaulle gleich beim Hauptbahnhof liegt dieser idyllische Markt, welcher mit knapp 120 Einzelständen nicht ganz so groß ist wie die anderen Märkte, aber dafür liebevoll dekoriert und, neben den üblichen Produkten, mit einer besonderen Auswahl an sehr gutem Käse und Honig, natürlich direkt vom Erzeuger. Aber auch Fleischwaren wie Schinken, Salami und Würste und sogar frischen Fisch finden Sie hier. Im Grunde vereint dieser kleine Markt alles, was auch die anderen spezialisierteren Märkte zu bieten haben, nur eben kleiner und ein bisschen feiner.

EVENTS IN NIZZA

Natürlich bietet Nizza auch Events an, einige davon sind weltweit anerkannt, andere eher lokaler Natur. Allerdings muss man auch ein wenig Glück haben, will man ganz zufällig ausgerechnet zu dem Zeitpunkt anwesend sein, an dem eines dieser Events stattfindet.

In der Regel merken Sie spätestens bei der Buchung, dass irgendwas los sein muss im Land der `Nizzarden`, spätestens wenn kein einziger Flugsitz und kein einziger Kellerraum mehr zu buchen ist. Sollten Sie also auf einer der folgenden Veranstaltungen mittanzen wollen, kümmern Sie sich bitte rechtzeitig um Ihre Angelegenheiten.

Februar

Karneval in Nizza! Die wohl bekannteste Veranstaltung in Nizza ist der farbenfrohe Karneval. Jedes Jahr wieder im Februar wird ganze zwei Wochen lang, verkleidet, getanzt und gefeiert. Nizza bietet die größte Karnevalsveranstaltung in Frankreich und eine der größten weltweit, gleich nach Rio de Janeiro und Venedig. Ursprünglich wollten die Menschen mit solchen Festen den Frühling beschwören, aber nicht so in Nizza, hier wollte man zeigen, wie mondän man doch war, also bot man den reichen Gästen eine weitere Weltattraktion, um Eindruck zu schinden.

Das Ganze begann 1873 und ist auch heute noch spektakulär anzusehen. Bei der Gelegenheit wäre zu erwähnen, dass behauptet wird, das erste Papierkonfetti sei hier in Nizza geworfen worden. Es ist schwer festzustellen, aber ja, warum nicht. Und was auch noch geworfen wird sind Blumen. Der Umzug wird in zwei Abschnitte unterteilt, einer davon ist den Blumen der Provence gewidmet und so verteilen die Teilnehmer tausende und abertausende Blumen im Namen der ‚Bataille Des Fleurs'.

Übrigens: Wussten Sie eigentlich, dass Sie Teil des Umzugs werden können, wenn Sie sich nur sagenhaft genug verkleiden? Also sich nicht nur schminken und rote Hosen anziehen, sondern in einem ausgefallen bunten Kostüm kommen? In dem Fall erhalten Sie Zugang zum Straßenkorso und dürfen inmitten der anderen Freudentänzer die Karawane begleiten, bejubelt von den umstehenden Einheimischen und bestaunt von den zehntausenden Touristen auf ihren Tribünen. (nicecarnaval.com)

Juni

Der Juni steht ganz im Zeichen der **La Fête Du Port**, also der großen Hafenparty Nizzas. Allerdings nur für einen einzigen Tag und einen Abend. Weniger ein Fest der Superlative, als ein großes Get-together der Einheimischen und ihrer besten Freunde und wie es der Name schon sagt, natürlich rund um den Hafen.

Aber dafür hat die Fête du Port wirklich von allem etwas zu bieten. So treten auf der großen Bühne den ganzen Tag über mehrere Bands auf und begleiten einen bis in den späten Abend hinein, während Gaukler und Künstler jeglicher Couleur ihr Bestes geben. Probieren Sie an den Ständen verschiedenste Spezialitäten aus der Region oder lassen Sie sich von einem der zahlreichen Artisten animieren. Oder einfach alles gleichzeitig.

Dabei ist das Fest auch noch sehr familien- bzw. kinderfreundlich ausgerichtet. An die kleinen Besucher und deren Bedürfnisse ist also ebenfalls gedacht. Bleiben Sie bitte auf jeden Fall bis zum Schluss am Abend, denn so gegen 22:30 Uhr wird ein riesiges Feuerwerk über dem Meer verschossen, eines an das Sie und Ihre Begleitung sich garantiert für immer erinnern werden.

Juli

Während vier Tagen im Juli steht Nizza ganz im Motto des **Jazzfestivals**. Stellen Sie sich das Ende des 2. Weltkrieges in Europa vor. Die Menschen aller Länder sind erschöpft vom Leid und Schrecken und sehnen sich nach den schönen Dingen des Lebens, Musik zum Beispiel. So also wurde das erste Jazzfestival weltweit ins Leben gerufen. Es ist unglaublich, aber wahr.

All das geschah nicht etwa irgendwo in den Vereinigten Staaten von Amerika, sondern in Nizza. Wir schreiben das Jahr 1948 und Louis Armstrong war der Star des ersten Festivals dieser Musikgattung. Die Anzahl der Stars von heute ist schier unendlich, darunter sind Namen wie De La Soul, Mary J. Blige, Gary Clark Jr. usw., Sänger aus allen musikalischen Stilrichtungen, Stars aus Film und Fernsehen, Sportler und Politiker, sie alle vereinen sich im Juli in Nizza unter dem Motto der Jazzmusik.

Mehr als 60.000 Besucher jedes Jahr verteilen sich auf 40 Konzerte an 24 verschiedenen Orten, angefangen vom großen Garten Jardin Albert 1er über Jamsessions im Radisson Blu Hotel bis hin zu Restaurants und sogar an Kiosken, zelebriert jeder für sich und alle gemeinsam das Festival auf seine eigene Art und Weise. Ein wirklich unvergessliches Erlebnis und ich verspreche Ihnen, kein anderer Urlaubsort auf der Welt wird Ihnen die Jazzmusik so intensiv nahebringen wie das Jazzfestival in Nizza. (nicejazzfestival.fr)

SEHENSWÜRDIGKEITEN

Sehenswertes gibt es natürlich in Hülle und Fülle in Nizza. Doch ganz ehrlich, wenn Sie sich in einem abgelegenen französischen Bergdorf der Pyrenäen befänden, würden einem auch an diesem Ort ein paar Sehenswürdigkeiten einfallen. Ich will sagen, nicht alles, was als Sehenswürdigkeit ausgeschildert ist, ist auch tatsächlich sehenswert oder von Interesse. Natürlich ist die Altstadt von Nizza mit ihren schattigen kleinen Gassen, den bunten Häuserfassaden und den winzigen Geschäften absolut sehenswert, aber keine echte Sehenswürdigkeit. Altstädte gibt es schließlich in jeder alten Stadt.

Ich habe mit meiner Auswahl versucht, eine vernünftige Mischung aus Vergangenem und Gegenwärtigem zu finden und nicht bloß ein Museum nach dem anderen zu empfehlen. Und dazwischen immer wieder ein kleiner Tipp, wo Sie am besten eine kleine Pause einlegen sollten. Für den Fall, dass Sie ausschließlich Tendenzen zum Historischen hegen, dann wird es jetzt leider sehr eng für Sie.

Nizzas beste Eisdiele

Im Sommerurlaub am mediterranen Meer sollte jeder wenigstens einmal ein Eis gegessen haben. Wo aber gibt es das beste Eis in der Stadt? Die Frage stellt man sich erst, wenn es schon zu spät und die Lust auf die cremige kühlende Masse zum obsessiven Verlangen geworden ist. Übrigens: Speiseeis ist eine uralte chinesische Erfindung, um einen launischen und allmächtigen Kaiser für die nächsten 15 Minuten zu besänftigen.

Seien Sie also vorbereitet und merken sich den Namen der wohl besten Eisdiele Nizzas. Beziehungsweise müssen Sie sich jetzt mehrere Namen merken. Nizzas Eisdielen als Eisdielen zu bezeichnen, kommt schlichtweg einer Beleidigung gleich. Hier sind Patissiers am Werk, wahre Künstler ihrer Zunft, regelrechte Architekten des kalten Zuckerwerks.

Fenocchio Glacier auf der Place Rossetti kommt der klassischen Eisdiele wohl am nächsten. Mit einer unglaublichen Auswahl von über 90 Sorten überzeugt Fenocchio seit Mitte der 60er Jahre mit allen nur denkbaren klassischen Sorten und darüber hinaus auch mit hauseigenen Kreationen wie Basilikum,

Thymian oder Lavendel. Eine Dependance finden Sie auch auf der Rue de la Poissonnerie, ebenfalls in der Altstadt gelegen.

Arlequin Gelati, ein ‚artisan glacier', befindet sich 9, avenue Malaussena. Der Mailänder Eismachermeister Roberto hat hier ein Kleinod französisch-italienischer Dessertkunst geschaffen. Neben diverser Eiskreationen (gehen Sie davon aus, dass Schokolade hier nicht einfach nach Schokolade schmeckt), zeichnet sich Robertos Arbeit vor allem durch seine unglaublich kreativen Tartes, Speculoos und süßen Desserthappen aus. Amuse-Gueules aus Zucker, wie Sie sie sonst nur in den allerbesten Restaurants finden würden!

La Colline Du Château

Der Schlosshügel, ein Kalksteinmassiv und einst Rückzugsort bei Angriffen, besticht heute durch seine labyrinthische Parkanlage mit eigenem Wasserfall. Von dem Schloss sind allerdings nur noch Ruinen übrig, ebenso von der 1000 Jahre alten Cathédrale Sainte-Marie. Zu Fuß zu erreichen über den Place Garibaldi oder über einen Fahrstuhl beim

Bellanda-Turm. Bitte bedenken Sie, dass der Aufstieg zu Fuß vor allem während der warmen Jahreszeit äußerst anstrengend sein kann. Und für all diejenigen, die sich vor Grabstätten nicht gruseln, empfehle ich den Besuch des Cimetière du Château. Mit einem bisschen Glück finden Sie die Grabstätten von so bekannten Persönlichkeiten wie Alfred van Cleef (Gründer des Diamanten-Imperiums Van Cleef & Arpels), Marguerite Duthuit-Matisse (Tochter von Henri Matisse), René Goscinny (Erfinder der Asterix-Comic-Figur) oder auch Emil Jellinek (Begründer der Marke Mercedes). Bitte beachten Sie aus Pietätsgründen Blumen oder wenigstens eine Blume bei der Besichtigung der jeweiligen Grabstätte niederzulegen. Betrübt von so viel Andacht, können Sie Ihre Stimmung anschließend mit einem überragend schönen Blick über Nizza und den Weiten des azurblauen Meeres wieder anheben.

Cathédrale Saint-Nicholas De Nice

Aufgrund der ständigen Anwesenheit russischer Urlauber, dabei denke ich an das 19. Jahrhundert und nicht an heute, entschied man den Bau einer russisch-orthodoxen Kirche zu Nizza und nannte sie

Kirche Saint-Nicholas und Sainte-Alexandre. Es war das erste Bauwerk seiner Art im westlichen Europa und man merkte schnell, dass sie viel zu klein geraten war für die immer größer werdende Zahl tiefgläubiger russischer Besucher.

Als dann auch Nicholas, Sohn des russischen Zaren Alexander II in Nizza an der Meningitis verstarb, beschloss man Nägel mit größeren Köpfen zu machen und so öffneten sich 1912 die Türen zur Kathedrale Saint-Nicholas de Nice. Sie steht stellvertretend für die überbordende Zuckerbäcker-Architektur russischer Gebäude aus dieser Epoche. Saint Nicholas war nicht nur für die Besucher zu Anfang des 20. Jahrhunderts der reinste Blickfang, sondern auch heute noch werden Sie den Kopf gen Himmel recken und aus dem Staunen über die Rundtürme und Spitzdächer mit ihren vielen Kreuzen nicht mehr herauskommen.

Bezahlen Sie ca. 10,- Euro als Einzelbesucher, warten Sie knapp 30 Minuten lang in der Schlange und Sie erhalten eine standesgemäße Führung durch das Innere der Kirche. Voraussetzung für den Einlass ist die Länge Ihrer Hosen (Ich hatte Sie ja gewarnt!), bzw. ein bedeckter Oberkörper und, wer

hätte das gedacht, ein nicht alkoholisierter Geistes-
zustand. Was uns selbstverständlich scheint, wird in
Russland noch lange nicht so gehandhabt, deswegen
noch mal der Hinweis an dieser Stelle.

Im Inneren erwarten Sie unzählige Ikonen-Bild-
nisse, eine opulent dekorierte Altarwand, Fresken
über Fresken und kilo- wenn nicht sogar tonnen-
weise Blattgold. Ein goldener Rausch der Sinne. Man
könnte bei so viel Reichtum glatt den Glauben verlieren. Ist aber bislang noch bei keinem der 200.000
Besucher jährlich vorgekommen. Das Ganze zu erleben in der Avenue Nicholas II, Bd. Tzarévich.

Archäologisches Museum und Ausgrabungs-
stätte Cimiez

Cimiez bezeichnet ein Viertel, ein Quartier von
Nizza, gelegen im nordöstlichen Teil der Hauptstadt
der Côte d'Azur. Ein paar Jahrhunderte vor Christus
gegründet, wurde die römische Quartier-Stadt
Cemenelum weitere paar Jahrhunderte später zu
Nizza umbenannt. Das erst kürzlich erbaute Mu-
seum, wobei 1986 nur in musealer Zeitrechnung als
kürzlich gilt, befindet sich 160, avenue des Arènes de
Cimiez. Und stellt eine wirklich beeindruckende
Sammlung an Gegenständen des täglichen Lebens

aus. Erstaunlicherweise vermitteln antike Bedarfs-
gegenstände sehr viel eindringlicher und erzähleri-
scher das Leben der Menschen vergangener Zeit, beziehungsweise aus der Zeit um ca. 1000 vor Christus
bis ca. 1400 nach Christus. Die ausgestellten Fund-
stücke stammen allesamt aus der Gegend, unter anderem die eindrucksvolle Maske eines Silens, in der
griechischen Mythologie ein Begleiter des Weingot-
tes Dionysos.

Und wenn Sie schon mal in der Nähe sind, nehmen Sie sich doch bitte die Zeit und spazieren hin-
über zu den archäologischen Ausgrabungsstätten
von Cimiez. Hier können Sie sich beim Anblick der
Ruinen von den technologischen Errungenschaften
genialer römischer Ingenieure und ihrer Kunst überzeugen, so zum Beispiel von Badethermen, Gemein-
schafts- und Einzellatrinen und Kühlräumen zum
Einlagern verderblicher Waren.

Nicht zu vergessen das Amphitheater, welches
heute noch ortsansässigen Verbänden und Gruppen
als Austragungs- bzw. Vorführstätte zur Verfügung
steht.

Museum Henri Matisse

Ebenfalls auf der Anhöhe Cimiez liegend und damit, in Verbindung mit den vorher genannten Sehenswürdigkeiten, Teil eines ausgedehnten Tagesausflugs ist das Museum Henri Matisse. Matisse wohnte, aus gesundheitlichen Gründen, ab 1916 in Nizza und verdankte somit den Großteil seiner visuellen Eindrücke dem Licht, dem Land und den Menschen dieser Region.

Die Villa des Arènes, ein Gebäude aus dem 18. Jahrhundert, beherbergt die wohl weltweit größte Sammlung an Kunstwerken, insgesamt 68 Gemälde, unzählige Zeichnungen und Gravuren, aber auch Utensilien und Objekte aus dem alltäglichen Leben des berühmten Malers. Der kleine Villenpark und seine hunderte von Jahren alten Olivenbäume laden durchaus zu einem kleinen Spaziergang in den Fußstapfen von Henri Matisse ein.

Und wer weiß, was Ihnen dabei für Ideen kommen, sollten Sie ebenfalls ab und an gerne zu Pinsel und Farbe greifen.

Restaurant À Butheginna

Die deutsche Sprache macht keinen großen Unterschied zwischen dem was die Worte ‚Restaurant' oder ‚Gaststätte' oder vielleicht sogar ‚Bistro' bezeichnen sollen. Schließlich kann man an jedem dieser Orte essen und darum geht es uns beim Besuch eines ‚Speiselokals', nicht so in Frankreich.

Als Restaurant wird hier ein Lokal bezeichnet mitsamt Küchenchef und Souschef, kulinarischem Konzept, geschulten Kellnern mit Fliege, Stoffservietten und dem Anspruch die Qualität der Produkte, des Service und des Geschmacks stetig zu steigern. So lange, bis der Küchenchef sein nächstes Burn-out hat oder das Lokal im Guide Michelin erwähnt wird, bestenfalls mit einem Stern prämiert.

Und dann gibt es in Frankreich noch die Brasserie, also ein weniger förmliches Speiselokal mit einer guten Auswahl und gesunden Portionen. Nicht zu vergessen das Bistro, wo es gerne auch ein wenig mehr um das Trinken geht und eine kleine Auswahl an Speisen eher dem klassischen Hungergefühl entgegenwirken soll. Aber selbst in Frankreich nimmt heute kaum noch jemand diese Abstufungen ernst und so gibt es an den Straßenecken fast nur noch

Restaurants.

À Butheginna ist eines der wenigen Restaurants (eigentlich Brasserie), welches eine sehr gut gekochte, traditionelle, nissardische Küche anbietet. Drei ältere Damen haben hier alles im Griff, erzählen niemandem wie es läuft und wollen auch nicht hören, wie es zu laufen hat. Das Platzangebot ist überschaubar, ca. 10 Sitzplätze drinnen und ca. 30 draußen unter Sonnenschirmen. Authentischer kann man nicht essen gehen!

Hier, in der 11, rue du Marché im nördlichen Teil der Altstadt tobt zwar auch weiterhin der Tourismus, dennoch erfahren Sie nun endlich, was wirklich in einen ‚Salade Nicoise' gehört und was nicht (nämlich Tomaten, Kapern, hart gekochte Eier, Thunfisch, Sardellen und schwarze Oliven, alles andere ist unwichtig). Bezahlt wird in bar, der Hund soll sich unterm Tisch zu benehmen wissen und reserviert wird hier nicht. Ein authentisches Erlebnis echter lokaler Küche, aber die eigentliche Sehenswürdigkeit sind eben die drei Damen!

La Promenade Du Paillon

Die kleine grüne Meile nennen die Einheimischen diese 2013 fertiggestellte Promenade, wobei Namensgeber das Paillon-Flüsschen war, welches aber Anfang des 19. Jahrhunderts unter die Erde kanalisiert wurde, eben weil es kein Flüsschen, sondern vielmehr ein reißendes Gewässer war und die Damenwelt sich ein wenig bedroht fühlte von seinem Getöse. Natürlich stört so ein Fluss auch bei der Städteerweiterung, aber den Damen gefiel der andere Grund eher.

Der grüne Streifen verläuft mitten durch die Stadt und trägt damit erheblich zur Naturalisierung der Innenstadt bei. Die weite offene Fläche mit einer Länge von über einem Kilometer gibt all denjenigen, welche nicht direkt an der Promenade des Anglais wohnen, die Möglichkeit, ebenfalls einen beruhigenden Blick in die Ferne zu richten. Ihre Gunst gewinnen die Erbauer mit kostenfreiem Outdoor-WLAN oder allerlei Klettermöglichkeiten für große und kleine Kinder. Eine sehr gemischte Pflanzenwelt nimmt einen mit auf eine botanische Weltreise und eine spiegelglatte Wasserfläche mit einer Größe von 3000 m² lässt Raum für Künstler und ihre Licht- und

Soundinstallationen. Aber jeweils nur so lange bis die 128 Düsen Wasserfontänen aus dem Boden schießen und im Sommer für die notwendige Abkühlung bei den Besuchern sorgen.

Musée d'Art Moderne et d'Art Contemporain

Das ‚MAMAC‘, 1990 fertiggestellt, besteht aus vier Quaderbauten verbunden mit gläsernen Brückenstegen und gibt ein echtes Statement in der städtischen Architekturlandschaft Nizzas ab. Zumal es mehr oder weniger mitten in die Stadt gebaut wurde, auf den Place Yves Klein.

Es ist klar, dass Museumsbesuche nicht jedermanns Sache sind und die zeitgenössische Kunst im Vergleich zur ‚alten Kunst‘ beim Kunstamateur dieselbe Frage aufwirft, die seinerzeit die Putzfrau von Beuys ihrem Arbeitgeber beim Aufräumen gestellt hat: „Ist das Kunst oder kann das weg?“.

Museumsbesuche können lästig sein, doch wenn Sie im Grunde nicht durch die Stadt kommen, ohne immer wieder gegen dasselbe Gebäude zu laufen, warum nicht auch gleich mal hineinschauen? Im Inneren erwarten Sie Exponate über Exponate aus den 60er Jahren bis ins Heute hinein. Darunter `Neue Realisten`, Pop Art-Künstler, Fluxus-Bekenner,

Minimal-Art-Künstler und Konzeptkunst-Darsteller. Andy Warhol, Ben Vautier, César, Christo, Yves Klein und immer wieder die Eine, die Einzigartige, die in ganz Nizza verehrte Niki de Saint-Phalle und ihre überdimensionalen Skulpturen.

Es ist eben eine ganz besondere Kollektion zeitgenössischer Kunst, welche ihnen die Kuratoren des MAMAC vorstellen möchten. Es ist die Avantgarde-Kunst, welche hier im Vordergrund steht und diese möchte nicht nur aufzeigen, sie möchte vor allem nach vorn preschen. Und wer so dynamisch und selbstbewusst daherkommt, dem folgt man schon aus reiner Neugierde. Unterhaltung ist garantiert im MAMAC. Ja, das ist Kunst! Bitte nicht wegwerfen!

Parc Phoenix

Die Anlage des Parc Phoenix ist ein absolutes Muss für jeden Nizza-Besucher. 40 Millionen Euro wurden investiert, 14.500 m³ Erde bewegt und 1950 Tonnen Steine fortgeschafft, nur um Sie zum Staunen zu bringen. Die genaue Adresse lautet 405, promenade des Anglais und gleich nördlich vom Flughafengelände, auf einem Areal von 70.000 m² wird die lebendige Fauna unserer Erde durch 70 verschiedene Tierarten und die Flora durch 2500 farbenfrohe

Pflanzenarten repräsentiert. Es ist eine grüne Oase mit allerlei Vergnügungen für Groß und Klein, mit bunten Vögeln, Reptilien, Amphibien und Äffchen. Auch die Klimazonen wurden naturgetreu abgebildet, wodurch Ihnen mal ein wenig kühl wird und dann wieder subtropisch warm.

Im Zentrum dann der sogenannte ‚Diamant Vert', der grüne Diamant, eine 25 m hohe Glaspyramide, welche ganz besondere Pflanzen und Tiere beherbergt. Ein romantischer See wurde ebenfalls angelegt, wo Kaskaden plätschern und schwarze Schwäne majestätisch mit ihren weißen Artgenossen dahingleiten, wo unter Palmen und an Sandstränden staunende Lemuren sich mit frechen Bibern unterhalten. Der Parc Phoenix entführt Sie wahrhaftig in eine andere Welt, in eine natürliche Welt und wenn Sie sich darauf einlassen, sogar in eine paradiesische Welt.

Die Strände

Zu guter Letzt möchte ich Ihnen noch die Wichtigste aller Sehenswürdigkeiten vorstellen, die, weswegen Sie unter anderem auch nach Nizza gekommen sind. Oder aber weswegen so mancher ausschließlich hergekommen ist. Das sind natürlich nicht die Strände an sich, sondern vielmehr das sonnige Wetter, das angenehme Klima und das azurblaue Wasser. Repräsentiert wird das alles aber am besten durch einen Sandstrand. Und genau da liegt das Problem, denn in Nizza gibt es keinen Sandstrand. Egal wie minutiös Sie auch suchen mögen, Sand werden Sie an diesem Strand nicht finden, dafür aber Kieselsteine in allen Braun- und Grautönen und Größen von 0,1cm bis 10cm. Gute 7 km, also die gesamte Promenade des Anglais entlang, zieht sich ein ewiger Kieselstrand, unterteilt in mittlerweile 20 Strände, alle mit vielversprechenden exotischen Namen und alle mit demselben Problem: Kiesel.

Wen das nicht stört, ja der hat Glück, kann sich das Kapitel sparen und weiterblättern. Allen anderen möchte ich zum Schluss Strandalternativen außerhalb von Nizza anbieten. Es bleibt einem ja nichts anderes übrig, wenn man halbwegs weich in der Sonne liegen möchte.

Der Strand von **Villefranche-sur-Mer** ist der nächstgelegene Strand und liegt in einer der schönsten Buchten der gesamten Côte d'Azur. Durch seine Nähe zu Nizza und die schmale Form ist der Strand allerdings schnell überfüllt. Ein Parkplatz ist vorhanden und auch ansonsten gibt es genug Möglichkeiten zum Shoppen oder essen gehen.

Die Strände von **Beaulieu-sur-Mer** sind da nicht ganz so überfüllt. Mit dem Auto erreichen Sie das pittoreske Örtchen in ca. 30 Minuten, mit dem Zug geht es ein bisschen schneller und Sie riskieren nicht im Stau zu landen. Parken während der Hochsaison könnte zum Problem werden, alles andere ist hier aber ganz wunderbar, z.B. der Blick auf das berühmte Cap Ferrat.

Cap-d'Ail und sein Sandstrand Mala liegen zwar einige Kilometer entfernt von Nizza, bieten dafür aber seinem Besucher eine fast schon tropisch anmutende Atmosphäre. Das liegt an der Umrandung der Bucht, welche aus hohen Klippen besteht und einem das Gefühl der Abgeschiedenheit vermittelt. Eindeutig einer der schönsten Strände der Côte d'Azur, welchen es aber zunächst mal zu erreichen gilt. Der Abstieg runter zum Strand erfolgt über eine schmale Treppe, dieselbe schmale Treppe, welche beim Aufstieg plötzlich zur qualvoll mühsamen Treppe wird. Restaurants finden Sie zum Glück unten am Strand, Parkplätze sind allerdings auch hier in Cap-d'Ail rar gesät!

Abreise und Abschied

In der deutschen Sprache ist ‚Aufbruch' eines der meist genutzten Synonyme für ‚Abreise'. Was es bei der Abreise aufzubrechen gilt, ist das Verhältnis mit dem zu verlassenden Ort. Eventuell auch die zwischenmenschlichen Beziehungen, welche man während seines Aufenthalts gerne geknüpft hat. Trost spenden kann einem nur die Aussicht auf baldige Rückkehr. Doch seien wir ehrlich, eine Städtereise hin zu einem Ort, den man bereits besucht hat, plant man in den selteneren Fällen. Je näher der

letzte Tag rückt, desto aufmerksamer wird man selt-
samerweise. Die Entschleunigung erreicht in den
letzten Tagen ihren Höhepunkt und man beginnt
ganz automatisch die Dinge sehr viel bewusster
wahrzunehmen, also bewusster zu riechen, zu
schmecken, zu sehen zum Beispiel.

Ich möchte Sie bitten, auf diesen Moment zu
warten und zu reagieren, wenn es soweit ist. Sobald
Sie den Aufbruch-Blues haben, rekapitulieren Sie
noch mal Ihren Aufenthalt. Erinnern Sie sich, wie Sie,
noch ganz grün hinter den Ohren, angereist kamen,
wie Sie zum ersten Mal das Azurblau des Wassers
bestaunten, zum ersten Mal über das Kopfsteinpflas-
ter liefen oder ihren Blick gen Himmel zur Sonne
richteten, so als blickten Sie zu Hause in eine ganz
andere Sonne. Und dann überlegen Sie bitte, was Sie
gerne aus Nizza mitnehmen möchten.

Assoziieren Sie ein Mitbringsel mit Ihrem Urlaub. Das kann alles Mögliche sein, etwas Gewöhnli-
ches, wie die Ausgabe einer Tageszeitung vielleicht
oder etwas ganz Spezielles, wie ein Secondhand-
Kleidungsstück vom Flohmarkt oder etwas Beständ-
diges, wie ein Stein oder sogar etwas Vergängliches,
wie eine Blume. Was Sie am Ende für den Rest Ihres

Lebens an Ihren Urlaub in Nizza erinnern wird, entscheiden nur Sie selbst. Sollte das letztendlich nichts anderes sein als eine Louis Vuitton Tasche, ja dann ist das auch gut.

Ein weiterer Tipp wäre der, sich noch mal die Protagonisten Ihres Aufenthalts vor Augen zu führen. Wem verdanken Sie was? Vielleicht dem Zimmermädchen, weil es Ihnen immer zwei anstatt einem Stück Schokolade auf das frisch bezogene Kissen gelegt hat? Oder dem Kellner, der sich bei jedem Restaurantbesuch sofort an Sie erinnert hat? Oder dem Strandverkäufer? Oder demselben Polizisten, der Sie jeden Abend beim Spazierengehen gegrüßt hat? Oder der netten Dame am Marktstand, die sich Ihren Namen gemerkt hat?

Wer auch immer Ihnen in dem Moment einfällt, suchen Sie ihn ein letztes Mal auf und machen Sie ein gemeinsames Foto. Sie werden sehen, unter all den vielen Fotos von sich und vielleicht Ihrer Begleitung und der Gegend oder der Landschaft, unter all diesen Schnappschüssen wird dieses eine Foto Ihr Lieblingsfoto werden. Fotos von Sehenswürdigkeiten haben nur einen geringen Wert, vor allem in Zeiten des Internets. Dieses eine Foto aber wird das Gefühl

Ihres Aufenthalts so intensiv auffangen, dass Sie sich, einmal zu Hause angekommen, immer wieder daran erinnern werden und das auch noch nach Jahrzehnten.

Ich wünsche Ihnen eine angenehme Heimreise und ich hoffe, Sie können ein wenig Entschleunigung aus dem Urlaub mit nach Hause nehmen und im ganz speziellen Fall von Nizza, vielleicht auch ein wenig von der ewig scheinenden Sonne und dem strahlenden Azurblau der mediterranen See.

Bon voyage!

Packliste

Geld & Finanzen

O (evtl.) Auslandswährung

O Bargeld

O Bauchtasche

O Brustbeutel

O Bauchtasche

O EC-Karte

O Kreditkarte

O Notfall-Telefonnummern der Banken

O Portmonee

Hygiene

O Haarbürste / Kamm

O Deo (klein)

O Shampoo

O Kulturtasche

O Sonnencreme

O Taschentücher

O Reise-Zahnbürste und Zahnpasta
O Verhütungsmittel

Kleidung

O Badeklamotten
O Gürtel
O Hosen kurz / lang
O Mütze / Cap / Hut
O Pullover
O Regenjacke
O Schlafanzug
O Socken
O Sonnenbrille
O Sportklamotten / Jogginghose
O T-Shirts
O Unterwäsche

Medikamente

O Blasenpflaster
O Anti-Durchfalltabletten
O Erste-Hilfe-Set

O Fiebertabletten

O Fiebertabletten

O Mückenschutz

O sonstige Medikamente

O Pflaster

O Kopfschmerztabletten

Unterlagen & Papiere

O ADAC Unterlagen

O Adresslisten für Postkarten

O Krankversicherungsnachweis

O Stadtplan

O Führerschein

O Unterlagen für die Unterkunft

O Wasserdichte Hülle für Reiseunterlagen

O Impfausweis

O Mietwagenunterlagen

O Personalausweis

O Reisepass

O Reisetagebuch

O evtl. Studentenausweis

O evtl. Visum
O Zug- / Bahn- / Flugticket

Taschen & Rucksäcke

O Koffer / Trolley / Reisetasche
O Regenhülle für Rucksack
O Rucksack

Schuhe

O Badeschlappen / Hausschuhe
O Schuhe und Wechselschuhe

Sonstiges

O Brille / Kontaktlinsen und Etui
O Buch zum Lesen
O Ohrenstöpsel und Schlafmaske
O Regenschirm
O Reisedecke
O Wasserflasche
O Wörterbuch

Elektronik

O Digitalkamera

O Handy

O Ladekabel

O Kopfhörer

O evtl. Steckdosenadapter

O Power-Bank

Herstellung und Verlag:

BoD – Books on Demand, Norderstedt

ISBN: 9783752894844

1. Auflage

Kontakt: Psiana eCom UG/ Berumer Str. 44/ 26844 Jemgum

Covergestaltung: Fenna Larsson

Coverfoto: depositphotos.com